Os 7 HÁBITOS dos Adolescentes ALTAMENTE EFICAZES

SEAN COVEY

Os 7 HÁBITOS dos Adolescentes ALTAMENTE EFICAZES

Miniedição

7ª edição

Tradução

Claudia Gerpe Duarte

BestSeller

Franklin Covey®

Rio de Janeiro | 2024

CIP-BRASIL. CATALOGAÇÃO NA FONTE
SINDICATO NACIONAL DOS EDITORES DE LIVROS, RJ

C914s Covey, Sean
7ª ed. Os 7 hábitos dos adolescentes altamente eficazes: miniedição / Sean Covey; — tradução: Claudia Gerpe Duarte. — 7ª ed. – Rio de Janeiro: Best*Seller*, 2024.

Tradução de: The 7 habits of highly effective teens miniature edition

ISBN 978-85-7684-287-3

1. Adolescentes — Conduta. 2. Adolescentes - Guias de experiência de vida. 3. Sucesso - Aspectos psicológicos. I. Título.

08-3672 CDD: 155.5
CDU: 159.922.8

Texto revisado segundo o novo Acordo Ortográfico da Língua Portuguesa.

Título original norte-americano
THE 7 HABITS OF HIGHLY EFFECTIVE
TEENS MINIATURE EDITION

Projeto gráfico e diagramação: ô de casa

EDITORA BEST SELLER LTDA.
Rua Argentina, 171, parte, São Cristóvão
Rio de Janeiro, RJ — 20921-380
que se reserva a propriedade literária desta tradução

Impresso no Brasil

ISBN 978-85-7684-287-3
Seja um leitor preferencial Record:
Cadastre-se e receba informações sobre nossos lançamentos e nossas promoções.
Atendimento e venda direta ao leitor:
sac@record.com.br

SUMÁRIO

Adquira o hábito Ele o constrói ou o destrói

Seja bem-vindo! Meu nome é Sean e fui eu que escrevi este livro. Não faço a menor ideia de como ele foi parar nas suas mãos; talvez a sua mãe o tenha dado de presente para colocar você na linha. Ou, quem sabe, você mesmo o tenha comprado com o próprio dinheiro porque o título lhe chamou a atenção. Independentemente de como ele chegou até você, estou muito feliz por isso ter acontecido. Agora, só falta você ler. Se prometer que vai lê-lo, juro que transformarei essa experiência em uma aventura. Na verdade, para tornar o livro mais divertido, eu o recheei de quadrinhos, ideias legais, frases famosas e histórias verídicas incríveis sobre adolescentes do mundo inteiro.

Este livro se baseia em outro, do meu pai, Stephen R. Covey, escrito há alguns anos e intitulado *Os 7 hábitos das pessoas altamente eficazes.* Surpreendentemente, ele se tornou um dos livros mais vendidos de todos os tempos. Papai deve grande parte do crédito pelo sucesso a mim, aos meus irmãos e irmãs, já que fomos suas cobaias. Ele testou todas as suas experiências psíquicas em nós, e é por isso que eles têm grandes problemas emocionais (brincadeirinha, pessoal). Por sorte escapei ileso.

Então, por que escrevi este livro? Porque a vida de um adolescente não é mais um parque de diversões. Se fiz o meu trabalho direito, este livro irá orientá-lo no caminho. Ao contrário do livro do meu pai, que foi escrito para pessoas mais velhas (o que o torna realmente maçante em alguns momentos), este foi criado especialmente para adolescentes e é sempre muito interessante.

Imagino que alguns dos problemas que os adolescentes compartilharam comigo também lhe sejam bastante familiares:

"Como posso me sentir bem comigo mesma se não consigo me incluir? Para onde quer que eu olhe, sempre encontro uma garota mais inteligente, mais bonita ou mais popular do que eu. Não consigo deixar de pensar que, se eu tivesse o cabelo, as roupas, a personalidade ou o namorado dela, eu conseguiria ser feliz."

"Tenho a impressão de que minha vida está fora de controle."

"A minha família é um desastre. Se ao menos conseguisse fazer com que os meus pais parassem de pegar no meu pé, eu poderia viver minha vida

em paz. Eles estão sempre reclamando, e nunca consigo deixá-los satisfeitos."

"Não estou me saindo muito bem na escola no momento. Se não melhorar minhas notas, não vou conseguir entrar na faculdade."

Esses problemas são concretos, e não podemos desligar a vida real, nem tentarei fazê-lo. Em vez disso, vou lhe oferecer um jogo de ferramentas que irá ajudá-lo a lidar com a vida real. Existem 7 hábitos, ou sete características, que os adolescentes felizes e bem-sucedidos do planeta têm em comum.

Uma excelente maneira de entender o que são os 7 hábitos é compreender o que eles não são. Portanto, veja a seguir seus opostos.

OS 7 HÁBITOS DOS ADOLESCENTES ALTAMENTE INEFICAZES

■ *Hábito 1: Reaja*

Jogue a culpa de todos os seus problemas nos seus pais, nos idiotas dos seus professores, no seu bairro horrível, no seu namorado ou namorada, no governo ou em qualquer outra coisa. Seja uma vítima. Não assuma nenhuma responsabilidade pela sua vida. Aja como um animal. Se estiver com fome, coma. Se alguém gritar com você, grite de volta. Se sentir vontade de fazer algo errado, faça, e ponto final.

■ *Hábito 2: Comece sem nenhum objetivo em mente*

Não faça planos. Evite metas a todo custo. Nunca pense no amanhã. Por que se preocupar com as consequências dos seus atos? Viva o momento. Durma com quem lhe der na telha, use drogas e divirta-se pra valer, pois amanhã você poderá não estar mais aqui.

■ Hábito 3: Por último, o mais importante

Só faça o que for mais importante na sua vida depois de ter desperdiçado bastante tempo assistindo a reprises na televisão, falado horas a fio no telefone, navegado na Internet e ficado simplesmente à toa. Adie sempre o dever de casa para o dia seguinte. Tome medidas sérias para que tudo o que não interessa seja sempre feito antes do que é realmente importante.

■ *Hábito 4: Pense ganhar/perder*

Encare a vida como uma competição agressiva. O seu colega de turma só pensa em derrubá-lo, de modo que você deve passar a rasteira primeiro. Não deixe que ninguém tenha sucesso em nada, porque, se os outros ganharem, lembre-se de que você perde. No entanto, se você sentir que vai perder, faça de tudo para arrastar o otário para o buraco junto com você.

■ *Hábito 5: Procure falar primeiro, e depois finja escutar*

Você nasceu com uma boca, então ponha-a para funcionar. Procure sempre falar muito. Exponha sempre o seu lado da história primeiro. Quando tiver certeza de que todo mundo entendeu o seu ponto de vista, faça de conta que está escutando, balançando a cabeça afirmativamente e murmurando "Ahã". Ou então, se você realmente deseja a opinião deles, emita-a por eles.

■ *Hábito 6: Não coopere*

Encaremos os fatos: as outras pessoas são esquisitas porque são diferentes de você. Neste caso, por que tentar se enturmar? O trabalho em equipe é para as formigas. Já que as ideias mais interessantes são sempre suas, o melhor que você tem a fazer é se isolar e fazer tudo sozinho. Seja uma ilha.

■ *Hábito 7: Desgaste-se*

Mantenha-se ocupado o tempo todo para nunca ter tempo de se renovar ou se aprimorar. Nunca estude. Não aprenda nada novo. Fuja dos exercícios como o diabo foge da cruz. E, acima de tudo, mantenha-se o mais afastado possível dos bons livros, da natureza e de qualquer outra coisa que possa lhe servir de inspiração.

Como você pode ver, os hábitos que acabam de ser relacionados são receitas para o desastre. Ainda assim, muitos de nós nos deixamos levar por eles regularmente. Graças a isso, não é de admirar que a vida seja realmente uma droga de vez em quando.

O QUE, EXATAMENTE, SÃO OS HÁBITOS?

Os hábitos são coisas que fazemos repetidamente. No entanto, na maior parte do tempo, mal sabemos que os temos. Eles funcionam no piloto automático.

ALGUNS HÁBITOS SÃO BONS, TAIS COMO:

- Exercitar-se regularmente;
- Planejar com antecedência;
- Mostrar respeito pelos outros.

OUTROS SÃO RUINS, COMO POR EXEMPLO:

- Pensar de um modo negativo;
- Sentir-se inferior;
- Culpar os outros.

Dependendo de quais forem, os hábitos podem tanto nos construir quanto nos destruir. Nós nos tornamos aquilo que repetidamente fazemos. Nas palavras do escritor Samuel Smiles:

Semeia um pensamento
e colherás um ato;
Semeia um ato
e colherás um hábito;

Semeia um hábito
e colherás um caráter;
Semeia um caráter
e colherás um destino.

Por sorte, você é mais forte do que os seus hábitos. Assim sendo, pode modificá-los. Experimente, por exemplo, cruzar os braços sobre o peito. Agora, cruze-os ao contrário. O que lhe parece? Esquisito, não? Mas se você cruzá-los sempre ao contrário, durante um mês seguido, não irá mais estranhar. Na verdade, nem mesmo terá de pensar mais no assunto. Você terá adquirido o hábito.

A qualquer momento, você pode se olhar no espelho e dizer: "Ei, não gosto disso em mim", para então trocar um mau hábito por um melhor. Nem sempre é fácil, mas sempre é possível.

Crie sua conta bancária pessoal

Antes que você possa vencer nas esferas públicas da sua vida, você precisa vencer as batalhas pessoais que trava consigo mesmo. Toda mudança começa com você. Jamais me esquecerei de como aprendi essa lição.

"O que anda errado? Você está me desapontando. Onde está o Sean que conheci no segundo grau?", perguntou o treinador, fuzilando-me com os olhos. "Você quer mesmo entrar em campo?"

Aquilo me pegou de surpresa. "Claro que sim."

"Ora, dá um tempo. Você está apenas cumprindo a rotina sem colocar a alma no que está fazendo. É melhor voltar a jogar bem, senão os zagueiros mais novos vão passar a sua frente e você nunca chegará a jogar aqui."

Aquele era o meu segundo ano na Brigham Young University (BYU), e estávamos nos preparando para a temporada de futebol americano. Quando me formei no ensino médio, fui aceito em diversas universidades. Mas escolhi a BYU devido à sua tradição em formar os melhores zagueiros dos Estados Unidos, como Jim McMahon e Steve Young, ambos se tornaram profissionais e levaram os seus times a muitas vitórias nos campeonatos. Mesmo sendo, na época, o reserva do reserva do zagueiro, eu queria me tornar a próxima estrela do futebol americano.

Quando o treinador me disse que eu estava "embromando" em campo, a afirmação me atingiu como um tapa na cara. No entanto, o que realmente me incomodou foi o fato de que ele estava certo. Embora estivesse treinando durante longas horas, eu não estava realmente comprometido com o jogo. Eu estava me contendo, e sabia muito bem disso.

Eu tinha uma decisão difícil a tomar, ou seja, ou eu abandonava o futebol ou triplicava meu comprometimento. Durante as semanas seguintes, travei uma guerra dentro da minha cabeça e me vi diante de muitos receios e dúvidas com relação a mim mesmo. Eu realmente tinha o que era preciso para ser o zagueiro principal? Será que eu aguentaria a pressão? Será que eu era grande o bastante? Logo pude perceber que eu estava era apavorado. Com medo de competir, de estar na berlinda, de tentar e de, talvez, vir a falhar. E todos esses temores estavam impedindo que eu desse o melhor de mim.

Li uma ótima frase de Arnold Bennet que descreve com exatidão o que finalmente decidi fazer a respeito do meu dilema. Ele escreveu: "A verdadeira tragédia é a do homem que nunca assume na vida o risco de se empenhar em um esforço supremo – ele nunca desenvolve a sua plena capacidade, jamais atinge a sua máxima envergadura."

Já que nunca fui um apreciador de tragédias, decidi me preparar para um esforço supremo. Assim sendo, assumi o compromisso de me dedicar ao máximo. Decidi parar de me refrear e dar o melhor de mim. Eu não tinha a menor ideia se conseguiria chegar a ser a estrela do time, mas pelo menos estava disposto a entrar na dança pra valer.

Ninguém me ouviu dizer “Eu me comprometo”. Não houve aplausos. Foi apenas uma batalha pessoal que travei comigo mesmo e que venci, dentro da minha mente, ao longo de várias semanas.

Quando assumi o compromisso, tudo mudou. Comecei a me arriscar e a fazer grandes progressos no campo. Minha alma estava no jogo... e o treinador notou.

Quando a temporada começou e os jogos foram acontecendo, eu continuava sentado no banco de reservas. Mesmo frustrado, prossegui trabalhando duro e melhorando cada vez mais.

No meio da temporada ocorreria o grande jogo do ano. Iríamos enfrentar o time da Força Aérea, campeão nacional, diante de 65 mil torcedores. Como se não bastasse, o jogo seria transmitido pelo canal de esportes ESPN. Uma semana antes, o treinador me chamou e disse que eu seria o zagueiro principal. Engoli em seco. Nem preciso dizer que aquela foi a semana mais longa de toda a minha vida.

Finalmente o dia chegou. Quando foi dado o chute inicial, a minha boca estava tão seca que eu mal conseguia falar. No entanto, passados alguns minutos, eu me acalmei e levei o time à vitória. Fui até escolhido pela ESPN como o "melhor jogador em campo". Depois, muitas pessoas me parabenizaram pela vitória e pelo meu desempenho. Foi gentil da parte delas, mas elas realmente não entenderam o que acontecera.

Não conheciam a verdadeira história. Pensavam que a vitória ocorrera no campo, naquele dia, na presença do público. Mas eu sabia que ela ocorrera meses antes, na privacidade da minha cabeça, quando eu decidira enfrentar o meu medo, parar de me refrear e me preparar para um esforço supremo. Derrotar o time da Força Aérea foi um desafio muito menor do que superar a mim mesmo. As vitórias pessoais sempre acontecem antes das vitórias públicas. Como diz o ditado: "Encontramos o inimigo, e o inimigo somos nós mesmos."

O modo como você se sente a seu respeito é semelhante a uma conta bancária. Vamos chamá-la de *conta bancária pessoal* (*CBP*). Exatamente como em uma conta corrente ou poupança que você tem em um banco, você pode efetuar depósitos ou retiradas da sua CBP de acordo com as coisas que pensa, diz e faz. Por exemplo, quando honro um compromisso que assumi comigo mesmo, sinto que estou no controle. Trata-se de um depósito. Por outro lado, quando quebro uma promessa que fiz a mim mesmo, fico desapontado e efetuo uma retirada.

Agora vou lhe fazer algumas perguntas: como está a sua CBP? Quanto você confia e acredita em si mesmo? A sua conta está cheia de dinheiro ou zerada?

Se o saldo da sua conta bancária pessoal estiver baixo, não desanime. Simplesmente comece, a partir de hoje, a fazer depósitos na conta. Com o tempo, você recuperará a autoconfiança. Pequenos depósitos efetuados no decorrer de um longo período são o caminho em direção a uma CBP saudável e próspera.

Com a ajuda de vários grupos de adolescentes, compilei uma lista de seis depósitos-chave que podem ajudá-lo a construir a sua CBP. É claro que, para cada depósito, existe também uma retirada igual e oposta.

DEPÓSITOS NA CBP

Honrar promessas feitas a si mesmo

Fazer pequenas gentilezas

Ser amável consigo mesmo

Ser sincero

Renovar-se

Utilizar seus talentos

RETIRADAS DA CBP

Quebrar promessas feitas a si mesmo

Isolar-se

Torturar-se

Ser falso

Desgastar-se

Negligenciar seus talentos

Seja a força

Existem basicamente dois tipos de pessoas no mundo – as proativas e as reativas –, aquelas que assumem a responsabilidade pela própria vida e aquelas que botam a culpa nos outros; as que fazem acontecer e as que deixam acontecer.

Todos os dias, você e eu temos cerca de cem oportunidades de escolher entre ser proativo e reativo. Em qualquer dia considerado, o tempo está ruim, você não consegue arranjar um emprego, perde uma eleição na escola, recebe uma multa de estacionamento no campus da universidade, é reprovado em uma prova. O que vai fazer a respeito de tudo isso? Você tem o hábito de reagir a esses contratempos do dia a dia ou você é proativo? A escolha é sua. Realmente é.

As pessoas reativas fazem escolhas baseadas em impulsos. São como latas de refrigerante. Basta chacoalhá-las um pouco para aumentar a pressão interna e fazê-las explodir: "Ei, seu idiota! Saia da minha frente!"

As pessoas proativas tomam decisões baseadas em valores. Elas pensam antes de agir. Reconhecem que não podem controlar tudo o que lhes acontece, mas são capazes de controlar o que fazem a respeito do ocorrido. Ao contrário das pessoas reativas, que são repletas de efervescência, as pessoas proativas são como a água. Podemos sacudi-las, abrir a tampa e nada acontece. Não há ruído, bolhas, ou pressão. Elas permanecem calmas, tranquilas e no controle da situação.

"Não vou deixar aquele cara me irritar e estragar o meu dia."

Normalmente podemos notar a diferença entre as pessoas pelo tipo de linguagem que usam. A linguagem reativa em geral soa assim:

"Eu sou assim. Esse é o meu jeito de ser." Mas o que elas estão realmente dizendo é o seguinte: "Não sou responsável pelo meu modo de agir. Não posso mudar. Fui predestinado a ser deste jeito."

Ou então: "Muito obrigado. Você simplesmente acaba de estragar o meu dia." O que essa pessoa está dizendo na verdade é o seguinte: "Não sou eu que controlo a minha disposição de ânimo."

Repare que a linguagem reativa afasta o poder de você e o entrega a outra pessoa. O meu amigo John Bytheway explica, no seu livro *What I Wish I'd Known in High School* [O que eu gostaria de saber no ensino médio], que quando somos reativos é como se estivéssemos entregando o controle remoto da nossa vida para outra pessoa, dizendo: “Pegue, mude o meu humor sempre que quiser.” A linguagem proativa, por outro lado, coloca o controle remoto de volta nas suas mãos.

As pessoas proativas pertencem a uma linhagem diferente.

■ *As pessoas proativas:*

- Não se ofendem com facilidade;
- Assumem a responsabilidade pelas suas escolhas;
- Pensam antes de agir;
- Levantam-se quando algo ruim lhes acontece;

- Sempre dão um jeito de fazer as coisas acontecerem;
- Concentram-se naquilo que podem fazer e não se preocupam com o que está fora de seu alcance.

Ser proativo, em geral, significa duas coisas. Primeiro, assumir a responsabilidade pela sua vida. Segundo, adotar a atitude "posso fazer", que é bem diferente da atitude "não posso fazer". Dê só uma olhada.

Se você pensa "posso fazer", se é criativo e persistente, pode realizar coisas impressionantes. Durante a faculdade, lembro-me de que para completar a minha carga horária em literatura eu "teria de" cursar uma matéria pela qual eu não tinha o menor interesse e que era inexpressiva para mim. Entretanto, em vez de cursá-la, decidi criar a minha própria maneira de obter os créditos. Preparei uma lista de livros que iria ler e trabalhos que deveria fazer e encontrei um professor disposto a me orientar. Procurei então o coordenador da minha faculdade e expus o meu caso. Ele aceitou a minha ideia e completei os meus créditos em linguagem fazendo um curso que eu mesmo elaborei.

O piloto americano Elinor Smith disse certa vez: "Faz tempo que me chamou a atenção o fato de que as pessoas de realização raramente cruzam os braços e deixam que as coisas lhes aconteçam. Elas põem mãos à obra e fazem as coisas acontecerem."

Essa é uma grande verdade. Para alcançar os seus objetivos na vida, você precisa tomar a iniciativa. Se estiver se sentindo mal por não ser habitualmente convidada ou convidado para sair, não fique por aí fazendo cara feia. Descubra maneiras de conhecer pessoas. Seja cordial e procure sorrir bastante. Faça você os convites. Os outros podem nem saber o quanto você é legal. Analogamente, não fique esperando que o emprego perfeito caia no seu colo; vá atrás dele. Envie o seu currículo, monte uma rede de contatos, ofereça-se para trabalhar de graça.

Dermell Reed me disse certa vez que a resposta proativa que teve diante de uma crise em família mudou a sua vida para sempre. Seu irmão de 13 anos fora atingido e morto por uma bala perdida proveniente de um tiroteio. Em uma noite quente e úmida de agosto, algumas semanas depois da morte de Kevin, Dermell conseguiu um revólver calibre 38 e foi para as ruas, decidido a se vingar do traficante de crack que matara o seu irmão. Ele estava a pouco mais de 15 metros do homem quando fez uma pausa e se conteve. Dermell usou a imaginação para pensar no que queria fazer com sua vida. Prestou atenção à sua consciência e soube que caso escolhesse se vingar, estaria jogando fora o seu futuro.

Por meio da força de vontade, em vez de ceder à raiva e jogar sua vida fora, Dermell deu meia-volta e foi para casa, jurando que se formaria na faculdade pelo irmão morto. Nove meses depois, Reed teve o nome incluído no quadro de honra e se formou no ensino médio. As pessoas da sua escola simplesmente não conseguiam acreditar naquilo. Cinco anos depois, Dermell Reed tornou-se um astro do futebol e formou-se na faculdade.

Como Dermell, cada um de nós irá enfrentar desafios extraordinários ao longo do caminho, e poderemos escolher se iremos nos mostrar à altura ou ser vencidos por eles. Elaine Maxwell resume muito bem toda a questão: "O meu fracasso ou sucesso diz respeito apenas a mim. Eu sou a força. Posso remover qualquer obstáculo do meu caminho ou me perder no labirinto. A escolha é minha, a responsabilidade é minha; quer eu ganhe, quer eu perca, sou a única a segurar a chave do meu destino."

Deixe-me, então, perguntar-lhe o seguinte: você está no assento do motorista da sua vida ou é um mero passageiro?

Controle seu destino ou alguém o fará por você

Você desenha uma planta antes de construir uma casa. Lê uma receita antes de assar um bolo. Analogamente, você escolhe quem quer se tornar para poder efetivamente fazer isso acontecer.

Vou lhe mostrar como fazê-lo usando a imaginação. Encontre um lugar onde possa ficar sozinho, sem ser interrompido. Agora esvazie a mente por completo. Não se preocupe com amigos, escola, família ou com a espinha na sua testa. Apenas concentre a atenção em mim, respire profundamente e abra a mente. Na sua tela mental, visualize alguém se aproximando de você, a meio quarteirão de distância. À medida que a pessoa vai chegando mais perto, você de repente percebe, por incrível que pareça, que ela é você mesma. Mas não é o "você" de hoje. *É você como gostaria de ser daqui a um ano.*

Agora reflita profundamente.

O que você fez com a sua vida no ano que passou?

Como se sente por dentro? Que características você possui? (Lembre-se de que essa pessoa é você como gostaria de ser daqui a um ano.)

Agora pode voltar à realidade. Se você foi uma pessoa legal e realmente tentou fazer a experiência, provavelmente entrou em contato com o seu eu mais profundo. Teve um vislumbre do que é importante para você e do que gostaria de realizar no ano que vem. Isso se chama começar com o objetivo em mente, e não dói nem um pouco. Na verdade, pensar além do dia de hoje pode até ser bastante interessante.

Por que é tão importante ter um objetivo em mente? Vou lhe dar duas boas razões. A primeira é que você se encontra em uma encruzilhada crítica da vida e os caminhos que escolher agora poderão afetá-lo para sempre. A segunda é que se você não decidir o seu próprio futuro, alguém o fará por você.

Então, se é tão importante, como se faz isso? A melhor maneira que encontrei foi escrever uma declaração de missão pessoal, que é como um credo ou lema pessoal específico do que se trata sua vida. Essas declarações podem ser de todos os tipos e variedades. Algumas são longas, outras, curtas. Alguns adolescentes usaram sua citação predileta como uma declaração de missão. Outros usaram uma figura ou uma fotografia.

Uma declaração de missão pessoal é como uma árvore com raízes profundas. Ela é estável e não vai a lugar nenhum, mas está viva e em constante crescimento. Você precisa dessas para conseguir sobreviver a todas as tempestades que a vida colocar no seu caminho. Como você já deve ter notado, a vida é tudo, menos estável. Reflita sobre isso. As pessoas são volúveis. Seu namorado a ama neste instante, mas termina tudo no momento seguinte. Alguém é o seu melhor amigo em um determinado dia e no outro está falando mal de você pelas costas.

Pense em todos os eventos que você não pode controlar. Você precisa mudar para outro lugar. Perde o emprego. Os seus pais se divorciam.

Embora tudo ao seu redor mude, uma declaração de missão pessoal pode ser a sua árvore bem arraigada que nunca se mexe. É mais fácil lidar com a mudança se você tiver uma base sólida

A GRANDE DESCOBERTA

A Grande Descoberta é uma atividade divertida desenvolvida para ajudá-lo a entrar em contato com o seu eu mais profundo enquanto se prepara para redigir a sua declaração de missão. Responda às perguntas com sinceridade. Quando terminar, creio que terá uma ideia muito melhor do que o inspira, do que gosta de fazer, de quem admira e do rumo que deseja dar à sua vida.

1. Pense em uma pessoa que tenha feito uma diferença positiva em sua vida. Quais são as qualidades dessa pessoa que você também gostaria de desenvolver?

2. Imagine-se daqui a vinte anos, cercado pelas pessoas mais importantes da sua vida. Quem são elas e o que vocês estão fazendo?

3. Se uma viga de aço fosse colocada entre dois arranha-céus, o que o faria ter coragem para atravessá-

la? Muito dinheiro? Seu bicho de estimação? Seu irmão? A fama? Pense com cuidado.

---

4. Relacione dez coisas que você adora fazer. Pode ser cantar, dançar, folhear revistas, desenhar, ler, sonhar acordado... qualquer coisa que realmente adore fazer!

---

5. Daqui a cinco anos, um jornal local decide fazer uma matéria a seu respeito e querem entrevistar três pessoas: o seu pai ou a sua mãe, um irmão ou irmã, e um amigo seu. O que você gostaria que eles dissessem a seu respeito?

---

6. Pense em algo que represente você... uma rosa, uma música, um animal. Por que ele o representa?

---

7. Se você pudesse passar uma hora com uma pessoa que já se foi, quem você escolheria? Por que essa pessoa? O que você perguntaria a ela?

---

8. Todo mundo tem um ou mais talentos. Em quais dos relacionados a seguir você se destaca? Você também pode escrever outros que não estão listados:

- Lidar com números
- Lidar com palavras
- Pensar com criatividade
- Atletismo
- Fazer as coisas acontecerem
- Perceber necessidades
- Artes
- Trabalhar bem com pessoas
- Tomar decisões
- Aceitar os outros
- Falar
- Escrever
- Dançar
- Escutar
- Cantar
- Ter bom humor
- Compartilhar
- Música

Agora que você teve um tempo para caminhar pela Grande Descoberta, tem um bom estímulo para desenvolver uma declaração de missão. Você não está escrevendo para o seu professor de português, e ela não será avaliada por ninguém. Ela é o seu documento secreto. Arregace então as mangas e ponha mãos à obra! A pergunta mais importante que deve fazer a si mesmo é: "Isto me deixa inspirado?" Se a resposta for sim, então você conseguiu!

Organize-se para o sucesso

Alguma vez você arrumou uma mala e reparou quantas coisas cabem nela quando você dobra tudo direitinho e organiza as roupas em vez de jogá-las de qualquer jeito? O mesmo é válido para a sua vida. Quanto mais você se organizar, mais coisas vai agregar: arranjará mais tempo para a família e os amigos, para a escola, para si mesmo e para as coisas mais importantes.

FAÇA UM PLANEJAMENTO SEMANAL

No início de cada semana, reserve 15 minutos para planejar o restante dela e observe a diferença que isso pode fazer. Por que semanalmente? Porque costumamos pensar em função do que acontecerá ao longo de uma semana e porque o planejamento diário representa um foco muito estreito e o mensal é amplo demais. Assim que você escolher uma agenda, siga estes três passos de planejamento semanal.

■ *Passo 1: Identifique as suas pedras grandes*

No início ou no final de cada semana, sente-se e pense a respeito do que pretende realizar na semana seguinte. Pergunte a si mesmo: "Quais são as coisas mais importantes que preciso fazer nesta semana?". Chamo isso de pedras grandes. Elas são uma espécie de miniobjetivos e devem estar relacionadas com sua declaração de missão e metas a longo prazo. Você possivelmente acabará com uma lista de pedras grandes mais ou menos assim:

MINHAS PEDRAS GRANDES PARA A SEMANA

- Estudar para a prova de biologia;
- Terminar de ler o livro;
- Ir ao jogo de futebol;
- Preencher o formulário de emprego;
- Ir à festa da Isabella;
- Malhar três vezes

Outra maneira de identificar suas pedras grandes é refletir sobre os papéis mais importantes da sua vida, como o de estudante, amigo, membro da família, empregado, indivíduo e qualquer outra função que exerça, e depois decidir quais são as coisas mais importantes, geralmente uma ou duas, que deseja realizar em cada papel. Planejar a vida em torno deles o ajudará a permanecer equilibrado.

■ *Passo 2: Reserve tempo para as suas pedras grandes*

Você já viu alguma vez a experiência das pedras grandes? Pegue um balde e encha-o até a metade com pequenos seixos. Depois, tente colocar várias pedras grandes em cima deles. Você verá que nem todas vão caber. Esvazie então o balde e faça tudo de novo, mas dessa vez colocando primeiro no balde as pedras grandes, e depois os seixos. Estes se encaixarão perfeitamente nos espaços vazios. As pedras grandes representam suas coisas mais importantes. Os seixos, todas as pequenas coisas do dia a dia que tomam o seu tempo, como afazeres, tarefas improdutivas, telefonemas e interrupções.

Reserve um tempo para as pedras grandes durante as sessões de planejamento semanal anotando-as na sua agenda. Você pode chegar à conclusão, por exemplo, que o melhor momento para começar a estudar para a prova final de história é na terça-feira à noite, e que a melhor hora para telefonar para a sua avó é sábado à tarde. É como fazer uma reserva.

■ *Passo 3: Planeje todo o resto*

Depois de agendar as pedras grandes, planeje todos os seus outros pequenos afazeres, tarefas do dia a dia e compromissos. É aí que entram os seixos. Você também pode dar uma olhada mais à frente na folhinha e agendar atividades e eventos futuros, como férias, uma ida ao cinema ou o aniversário de amigos e parentes.

O ELEMENTO COMUM DO SUCESSO

Em uma análise final, fazer primeiro as coisas mais importantes requer disciplina. É preciso disciplina para administrar o tempo, para ser forte nos momentos difíceis e resistir à pressão do grupo. Um homem chamado Albert E. Gray, que passou anos estudando pessoas bem-sucedidas, chegou à seguinte conclusão:

"Todas as pessoas bem-sucedidas têm o hábito de fazer as coisas que os fracassados não gostam de fazer.

Elas tampouco gostam, necessariamente, dessas coisas. Mas a sua aversão está subordinada à força do seu propósito."

O segredo da comunicação

A nossa tendência é querer precipitar-nos do céu como o Super-homem e resolver os problemas de todos antes mesmo de entender qual é o problema. Simplesmente não escutamos. O segredo da comunicação e de como ter poder sobre as pessoas e influenciá-las pode ser resumido em uma única frase: "Se você conseguir aprender a ver as coisas a partir do ponto de vista de outra pessoa antes de compartilhar o seu, um novo mundo de entendimento se abrirá para você."

Por que essa atitude é o segredo da comunicação? Porque a mais profunda necessidade do coração humano é ser compreendido. Todo mundo quer ser respeitado e valorizado pelo que é. "As pessoas não se importam com o quanto você sabe enquanto não sabem o quanto você se importa." Essa é uma afirmação muito verdadeira.

CINCO ESTILOS DE ESCUTA DEFICIENTE

Para entender uma pessoa, você precisa escutá-la. Surpresa! O problema é que a maioria de nós não sabe escutar. Quando as pessoas falam, raramente escutamos, porque estamos ocupados demais preparando uma resposta, fazendo um julgamento ou passando as palavras delas pelo crivo dos nossos próprios paradigmas. Por esse motivo, tipicamente usamos um dos cinco estilos seguintes de escuta deficiente:

. . . .

Ficar em órbita acontece quando alguém está falando conosco mas não damos atenção à pessoa porque a nossa mente está orbitando em outra galáxia. A pessoa pode até ter uma coisa importante para dizer, mas ficamos mergulhados em nossos próprios pensamentos.

. . . .

A escuta fingida é a mais comum. Continuamos a não prestar muita atenção à outra pessoa, mas pelo menos fingimos que estamos escutando, fazendo comentários solidários nos momentos oportunos, como "entendo" ou "legal". Entretanto, o falante normalmente captará a dica e sentirá que não é importante o bastante para ser ouvido.

....

A escuta seletiva é quando só prestamos atenção à parte da conversa que nos interessa. Como você sempre falará a respeito do que quer, é bem provável que nunca consiga cultivar amizades duradouras.

A escuta de palavras ocorre quando efetivamente prestamos atenção ao que alguém está dizendo, mas só ouvimos as palavras, sem observar a linguagem corporal da pessoa, os sentimentos ou o verdadeiro significado por trás das palavras. Como resultado, deixamos passar o que ela realmente está dizendo.

. . . .

A escuta egocêntrica acontece quando enxergamos tudo a partir do nosso ponto de vista. Em vez de nos colocarmos no lugar da outra pessoa, queremos que ela se ponha no nosso. “Você acha que o seu dia foi ruim? Isso não é nada. Espere até ouvir o que aconteceu comigo."

. . . .

Julgar. Às vezes, quando escutamos outras pessoas, fazemos julgamentos (mentalmente) a respeito delas e do que estão dizendo. As pessoas não querem ser julgadas, querem ser ouvidas.

A ESCUTA GENUÍNA

Por sorte, você e eu não exibimos nenhum desses cinco estilos deficientes de escuta, certo? Bem, talvez uma vez ou outra. Existe uma forma superior de escutar chamada "escuta genuína". É o tipo de atitude que queremos colocar em prática.

Primeiro, escute com os olhos, coração e ouvidos. Não basta escutar com os ouvidos, porque apenas 7 por cento da comunicação está contida nas palavras que usamos. O restante vem da linguagem corporal e da maneira como dizemos as palavras.

Para ouvir o que as outras pessoas estão dizendo, você precisa prestar atenção ao que elas não estão dizendo. Por mais rígidas que possam parecer na superfície, a maioria é sensível por dentro e tem uma imensa necessidade de ser compreendida.

Segundo, coloque-se no lugar da outra pessoa. Para se tornar um ouvinte genuíno, você precisa tirar o seu sapato e calçar o do outro. Nas palavras de Robert Bryne: "Enquanto você não andar com os mocassins de outra pessoa, não conseguirá imaginar o cheiro deles." Você precisa tentar ver o mundo como as outras pessoas o veem e procurar se sentir como elas se sentem.

Terceiro, pratique o espelhamento. Pense como um espelho. Ele não julga nem dá conselhos; apenas reflete. O espelhamento é simplesmente isso: repetir com as suas próprias palavras o que a outra pessoa está dizendo e sentindo. Espelhar não é imitar. Imitamos quando repetimos exatamente o que o outro diz, como um papagaio.

O ideal é o equilíbrio

O que você faz em uma dimensão da vida afeta as outras três. Se um dos pneus do seu carro estiver desbalanceado, os quatro se desgastarão de um modo desigual, e não apenas o que está defeituoso. É difícil ser cordial (coração) quando você está exausto (corpo). E o processo também funciona ao contrário. Quando você se sente motivado e em sintonia consigo mesmo (alma), é mais fácil se concentrar nos estudos (mente) e ser mais cordial (coração).

RESERVE UM TEMPO PARA TIRAR UMA FOLGA

Assim como um carro, você precisa de revisões e trocas de óleo regulares. É necessário um tempo para rejuvenescer a melhor coisa que você tem agindo a seu favor – você mesmo! Você precisa de tempo para relaxar, reduzir a tensão, tratar a si mesmo com um pouco de amor e carinho. Vamos examinar cada uma das dimensões e discutir métodos específicos para afinar o seu instrumento:

CUIDANDO DO CORPO

O seu corpo é uma ferramenta, e se você cuidar bem dele, ele o atenderá muito bem. Eis uma lista com dez maneiras pelas quais os adolescentes podem se manter em boa forma física:

Comer alimentos saudáveis;
Relaxar na banheira;

Andar de bicicleta;
Fazer musculação;
Dormir o suficiente;
Praticar ioga;
Praticar esportes;
Fazer caminhadas;
Fazer alongamento;
Fazer exercícios aeróbicos.

Há uma grande dose de verdade na expressão "Você é o que você come". Não sou especialista em nutrição, mas descobri duas regras práticas que devemos ter em mente. Primeiro, preste atenção em como os diferentes alimentos fazem você se sentir e, a partir daí, desenvolva a sua lista pessoal das coisas que deve ou não deve fazer. Todo mundo reage de uma maneira diferente à comida. Eu, por exemplo, sempre que faço uma grande refeição antes de dormir, me sinto péssimo pela manhã. E todas as vezes que como batatas fritas, salgadinhos ou pizza em excesso, a gordura aumenta bastante as minhas idas ao banheiro no dia seguinte (você já passou por isso?). Essas são as coisas que eu não devo fazer. Por outro lado, aprendi que comer muitas frutas, legumes e verduras, bem como tomar uma grande quantidade de água, me faz sentir mais vigoroso. Essas são as coisas que eu devo fazer.

Segunda regra prática. Seja moderado, e evite os extremos. Para muitos de nós (inclusive eu), é mais fácil ser extremista do que moderado, de modo que vivemos alternando a dieta do coelho com a dieta rica em alimentos de pouco ou nenhum valor nutritivo. Mas os hábitos alimentares extremos podem não ser saudáveis. Comer uma bobagem de vez em quando não vai fazer mal. Só não faça disso um hábito.

A pirâmide alimentar do USDA (Ministério da Agricultura dos Estados Unidos) representa uma abordagem equilibrada e moderada à nutrição que recomendo sem restrições. Ela encoraja a ingestão de grãos, frutas, legumes e verduras, laticínios com baixo teor de gordura e nos aconselha a comer menos fast-food, alimentos sem valor nutritivo e tira-gostos, frequentemente carregados de gordura, açúcar, sal e outros ingredientes igualmente prejudiciais. Lembre-se de que a comida afeta o seu humor, de modo que você deve tomar cuidado com o que come.

E por falar em humor, todos nos sentimos deprimidos, confusos ou apáticos de vez em quando. Em momentos como esses, talvez o melhor a fazer por nós mesmos é o que Forrest Gump fez: exercícios físicos.

Além de ser bom para o coração e o pulmão, o exercício tem uma incrível capacidade de nos dar uma injeção de energia, dissipando o estresse e limpando a mente.

Mas seja cauteloso. Na sua busca por um físico melhor, tome cuidado para não ficar obcecado com a aparência. Antes de começar a se comparar às mulheres e aos homens maravilhosos das capas de revistas e passar a detestar sua aparência, lembre-se de que existem milhares de adolescentes saudáveis que não têm as maçãs do rosto altas, o abdômen duro feito pedra nem o traseiro de aço. Até mesmo pessoas supostamente lindas não são perfeitas.

Há muitos anos, a atriz Michelle Pfeiffer foi capa da revista Esquire com a seguinte legenda: "O que Michelle Pfeiffer precisa é de... absolutamente nada." Mas, na verdade, ela precisava de mais ajuda do que parecia. A revista Harper's conseguira a fatura do profissional que retocara a fotografia de Pfeiffer na capa da Esquire. Ele cobrou 1.525 dólares para prestar os seguintes serviços: "Uniformizar a pele, atenuar o vinco do sorriso, delinear o queixo, suavizar a linha debaixo do lóbulo das orelhas, acrescentar cabelo, aumentar a testa para criar um contorno melhor e suavizar os músculos do pescoço." O editor da Harper's publicou a matéria porque, segundo ele, “nós nos deparamos constantemente com a perfeição nas revistas; isto é para lembrar ao leitor... que existe uma diferença entre a vida real e a arte”.

CUIDANDO DO SEU CÉREBRO

Procure desenvolver sua capacidade mental por meio do estudo, de atividades extracurriculares, hobbies, trabalho e de outras experiências que ajudem a expandir a mente. Talvez mais do que qualquer outra coisa, o que você fizer com a massa cinzenta entre suas orelhas determinará o seu futuro. A menos que você queira virar hambúrgueres na chapa e morar com os seus pais quando estiver com 30 anos, é melhor começar a pagar o preço desde já.

Sugiro que você obtenha o máximo de instrução possível. Qualquer formação além do ensino médio – um diploma universitário, um treinamento vocacional ou técnico, estágio ou treinamento em algum setor das forças armadas – valerá a pena o tempo e o dinheiro que gastar. Encare-a como um investimento no seu futuro. As estatísticas mostram que a pessoa com diploma universitário ganha cerca de duas vezes mais do que aquela que se formou apenas no ensino médio.

CUIDANDO DO SEU CORAÇÃO

O coração é algo muito temperamental, que precisa de constante cuidado e nutrição, exatamente como o resto do corpo. A melhor maneira de afinar o instrumento é efetuar depósitos regulares na sua conta bancária pessoal, a qual descrevi anteriormente, e na sua conta bancária de relacionamento. Eis como fazer isso:

■ *Depósitos na "Conta Bancária de Relacionamento" (CBR)*

- Cumprir promessas;
- Fazer pequenas gentilezas;
- Ser leal;
- Escutar com atenção;
- Pedir desculpas;
- Estabelecer expectativas bem definidas.

Depósitos na "Conta Bancária Pessoal" (CBP)

- Manter as promessas feitas a si mesmo;
- Fazer pequenas gentilezas;
- Ser amável consigo mesmo;
- Renovar-se;
- Utilizar os seus talentos.

Como você deve ter reparado, os depósitos na CBP e na CBR são muito semelhantes. Isso acontece porque os depósitos que você efetua na conta de outras pessoas em geral acabam se refletindo também na sua. Gosto das palavras de Madre Teresa a respeito disso: "Não deixe que ninguém se aproxime de você e vá embora sem se sentir melhor e mais feliz. Seja a expressão viva da bondade de Deus: tenha a bondade no rosto, a bondade nos olhos, a bondade no sorriso." Se você encarar a vida dessa maneira, sempre procurando construir em vez de destruir, ficará surpreso com a felicidade que poderá proporcionar aos outros e a si mesmo.

CUIDANDO DA ALMA

O que anima sua alma? Quando digo alma, estou me referindo àquele eu interior que se esconde bem abaixo da superfície do seu eu do dia a dia. Sua alma é o seu centro, dentro do qual residem suas mais profundas convicções e valores. É a fonte do propósito, do significado e da paz interior. Afinar o instrumento na esfera espiritual da vida significa dedicar algum tempo à renovação e ao despertar desse eu interior. A famosa autora Pearl S. Buck escreveu o seguinte: "Existe dentro de mim um lugar onde vivo sozinha, e é lá que renovo meus mananciais que nunca secam."

Eis algumas ideias sobre como alimentar a alma compartilhadas pelos adolescentes:

- Meditar;
- Servir aos outros;
- Escrever em um diário;
- Sair para passear;

- Ler livros inspiradores;
- Desenhar;
- Rezar;
- Escrever música ou poesia;
- Pensar profundamente;
- Ouvir uma música que eleve o astral;
- Tocar um instrumento musical;
- Praticar uma religião;
- Conversar com amigos;
- Refletir sobre os objetivos ou a declaração de missão pessoais.

Em resumo, a autorrenovação não o acontecerá simplesmente do nada. Como é uma atividade importante, você precisa ser proativo e fazê-la acontecer. A melhor coisa a fazer é reservar um tempo todos os dias para essas atividades que equilibram a vida, mesmo que sejam apenas 15 ou 30 minutos. Alguns adolescentes reservam um momento específico de cada dia – de manhã cedo, depois da escola ou à noite – para ficar sozinhos, pensar ou se exercitar. Não existe uma única maneira certa, de modo que você deve procurar encontrar a que funciona melhor para você.

Bem, chegamos ao fim do livro. Obrigado por ter caminhado ao meu lado e parabéns por ter concluído a leitura. Quero que você saiba que realmente acredito no seu futuro. Você está destinado a alcançar grandes coisas. Lembre-se sempre de que nasceu com tudo que precisa para ter êxito na vida! Não precisa procurar em nenhum outro lugar. O poder e a luz estão em você!

Como despedida, quero deixar uma das minhas citações prediletas, de autoria de Bob Moawad. Desejo a você tudo de bom.

Você não deixará
pegadas nas areias do tempo
se ficar sentado sobre o seu
traseiro!
E quem quer deixar marcas de
traseiro
nas areias do tempo?

Sobre a FranklinCovey

Nossa missão:
Promover a grandeza das pessoas e organizações em todo o mundo.

A FranklinCovey é líder global em treinamentos em eficácia, ferramentas de produtividade, estratégia de execução e serviços de avaliação para organizações e indivíduos. Atualmente está em mais de 144 países, conduzindo negócios em mais de 30 idiomas. Entre seus clientes estão 90% da *Fortune 500* e 75% da *Fortune 100*, e centenas de pequenas e médias empresas, bem como instituições governamentais e educacionais em todo o mundo.

No Brasil, a FranklinCovey já ministrou treinamentos para centenas das maiores empresas, entre elas: Embraer, Faber-Castell, Instituto NOKIA, Nestlé, Tubos e Conexões Tigre, Roche, Universidade McDonald's Petrobrás, HSBC, entre outros.

Atualmente, além de sua unidade principal no Brasil, localizada em São Paulo, a FranklinCovey possui unidades de negócios espalhadas por todo país.

Conheça mais sobre as soluções e produtos da FranklinCovey!

FranklinCovey Brasil
Rua Flórida, 1568 – Brooklin – São Paulo-SP – CEP 04565-001
Tel: (11) 5105-4400 Fax: (11)5506-6965
info@franklincovey.com.br – www.franklincovey.com.br

Franklin Covey®

Este livro foi composto na tipologia
Electra LH, em corpo 11/14.3, e impresso em
papel couché fosco 150g/m^2 na Plena Print.